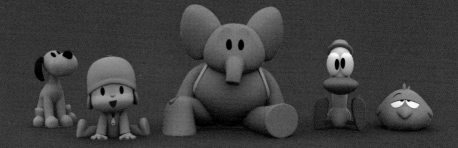

Adaptación del texto: Ana Mata Buil

Editado por Editorial Planeta, S. A.

© Imágenes: Zinkia Entertainment, S. A., 2005
POCOYÓ™ & © 2005 Zinkia Entertainment, S. A. La serie de Pocoyó,
sus imágenes y logotipos son propiedad de Zinkia Entertainment, S. A.
y sólo se pueden utilizar bajo licencia.
© Editorial Planeta, S. A., 2010
Avda. Diagonal, 662-664 – 08034 Barcelona (España)
Diseño de cubierta: Aurora Gómez. Departamento de Diseño de Editorial Planeta

Primera edición: abril de 2010
ISBN: 978-84-08-09213-1
Depósito legal: B. 9.201-2010
Impresión y encuadernación: Gayban Grafic, S. L.
Impreso en España – Printed in Spain

¡Qué divertido es reciclar!

timun**mas**

Una mañana cualquiera, Pocoyó va a buscar a sus amigos para jugar con ellos. De pronto, cuando está junto a la casa de la oruguita Valentina, ve una cosa muy extraña tirada en el suelo.

¿Qué será? ¿Una rosquilla gigante? No, ¡es una rueda pinchada!

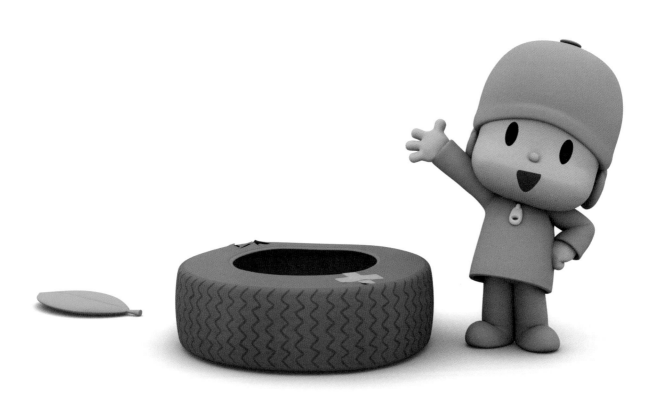

Y ¿qué hace allí una rueda pinchada? Pocoyó adivina en seguida por qué alguien ha tirado la rueda.

«¡Ya lo sé!», piensa. «Es basura.» Y entonces se le ocurre que él también tiene algunas cosas viejas y rotas que tirar.

Sin pensarlo más, va a buscar su despertador estropeado y lo arroja encima de la rueda.

Luego pasa por allí Pajaroto, que se ha despertado y ha salido a pasear. En cuanto ve la rueda y el despertador rotos, piensa en todas las cosas inservibles que guarda en el nido y decide tirarlas.

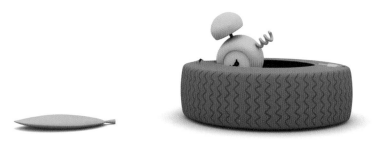

Y no es el único… Parece que se han puesto todos de acuerdo, porque al instante aparece Pato con una regadera que tiene el asa rota. Claro, una regadera rota no sirve para nada. ¡A la basura!

En éstas vuelve Pocoyó, que había ido a buscar más cosas viejas y estropeadas. Ha llenado una caja entera de juguetes rotos y de cachivaches que ya no utiliza.

Caramba, entre todos han formado una tremenda montaña de basura. Es tan alta que parece un gigante…

Con tanto ruido, Valentina también se ha despertado y quiere ver qué pasa.

—¡Ay! —exclama la pobre oruguita al ver la enorme montaña de basura. Está muy disgustada, porque sus amigos han dejado todos sus trastos viejos delante de su casa.

Ni corta ni perezosa, ata una cuerda al montón de desperdicios y los arrastra hasta casa de Pato. Pesan mucho, pero Valentina es muy fuerte para su tamaño y, poco a poco, consigue dejar toda la basura en la puerta de Pato.

Él, que estaba a punto de desayunar una jugosa rodaja de sandía, se enfada al ver la montaña de basura junto a su hogar.

«¡Qué fastidio!», piensa nuestro amigo Pato. Y tiene motivos, porque ¿a quién le gustaría que le dejaran la basura en la puerta? ¡A nadie!

Entonces se le ocurre una buena idea. ¡Empujará la montaña de basura y la arrojará en un sitio en el que no la vea nadie!

Pero ¿qué sitio es ése? ¿Dónde puede haber tirado la basura Pato?

Madre mía, Pato ha tirado la basura al mar. Desde luego… ¿Es que no sabe que en el mar viven peces y otros animales acuáticos?

Parece que no le importa, porque vuelve a casa tan tranquilo mientras el montón de basura se va hundiendo en el agua hasta llegar al fondo del mar. Pobres peces…

Y pobre Pulpo, porque al final el montón de basura ha ido a aterrizar encima de su cocina… ¡¡justo cuando estaba preparando el desayuno! Hay que ver, Pato. ¡La que has liado! Pulpo se ha enfadado muchísimo al ver que se le han estropeado los huevos fritos que pensaba tomar para desayunar. ¡Nadie quiere huevos con basura!

¿Qué puede hacer Pulpo para deshacerse de la basura? ¿Dónde puede arrinconarla?

A Pulpo se le ocurre ir a pedir ayuda a su amiga Ballena. Seguro que entre los dos dan con una buena solución.

Con su permiso, coloca la montaña de basura sobre el orificio por el que Ballena expulsa el agua y ¡fissss!, la basura sale disparada.

Y ¿adónde va a parar con tanto impulso?
Pues nada menos que al nido de Pajaroto.
La montaña de basura le ha caído
encima llovida del cielo. Menos mal que
Pajaroto es un pájaro muy tranquilo y nada
lo altera. Aunque, por supuesto, tampoco
quiere quedarse con la basura en el nido.

Con todas sus fuerzas, lanza el montón de basura muy lejos. Quiere perderla de vista cuanto antes. Así podrá continuar durmiendo y soñar con cosas bonitas…

¡Qué lástima que la basura aterrice donde Pocoyó y Elly están jugando!

Pocoyó no quiere tener trastos viejos en su zona de juegos, así que se deshace de ellos tirándolos junto a la casa de Valentina una vez más. Y una vez más ella se los deja a Pato y éste los arrastra hasta el mar.

Menudo trajín llevan todos los desperdicios: la rueda pinchada, el monopatín viejo, la radio estropeada, el tambor roto… Todo cae de nuevo al mar.

Cuando Pocoyó se ha olvidado ya del montón de basura, un corazón de manzana que alguien ha tirado le cae en la cabeza. Para deshacerse de él, lo lanza por los aires y, al cabo de un momento, le rebota otra vez en el gorro.

¡Qué descontrol! Todos tiran la basura por los aires.

«¿Qué pasa aquí?», piensa indignado Pocoyó.

Pocoyó quiere saber por qué la basura regresa siempre al punto de partida. Por suerte, se le ha ocurrido una idea muy ingeniosa para averiguarlo.

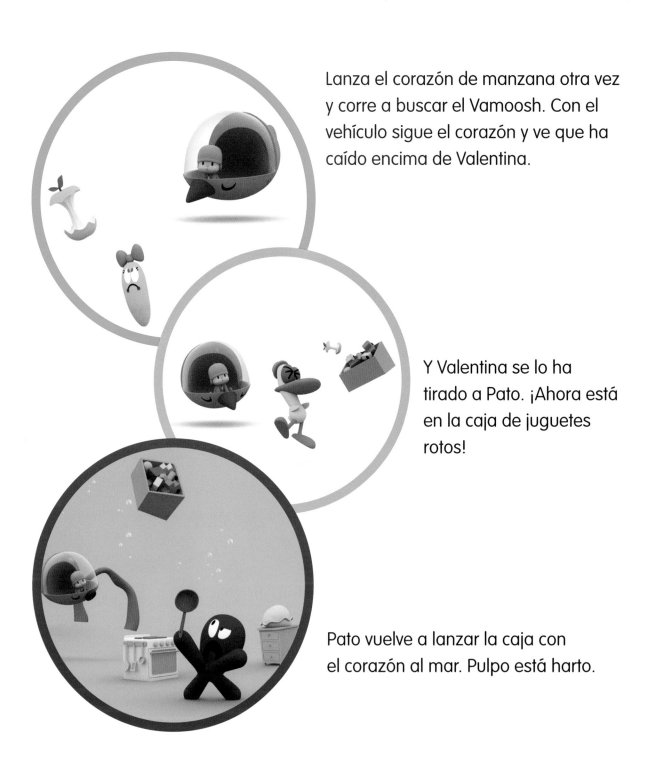

Lanza el corazón de manzana otra vez y corre a buscar el Vamoosh. Con el vehículo sigue el corazón y ve que ha caído encima de Valentina.

Y Valentina se lo ha tirado a Pato. ¡Ahora está en la caja de juguetes rotos!

Pato vuelve a lanzar la caja con el corazón al mar. Pulpo está harto.

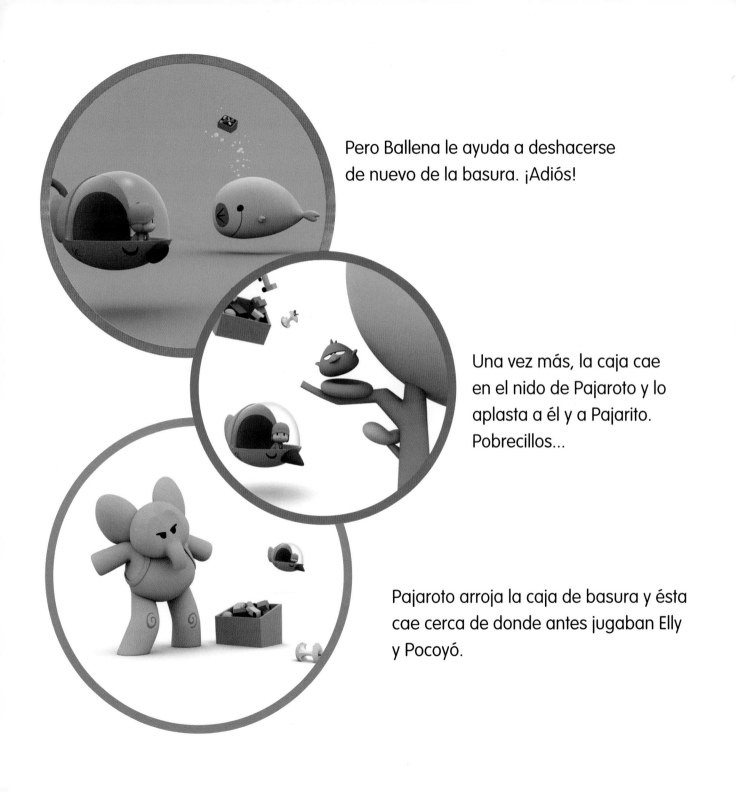

Pero Ballena le ayuda a deshacerse
de nuevo de la basura. ¡Adiós!

Una vez más, la caja cae
en el nido de Pajaroto y lo
aplasta a él y a Pajarito.
Pobrecillos...

Pajaroto arroja la caja de basura y ésta
cae cerca de donde antes jugaban Elly
y Pocoyó.

¡Vaya descontrol! Por lo menos, ahora Pocoyó ya sabe por qué la basura vuelve al punto de partida: todos se la pasan de unos a otros formando un círculo. Nadie quiere tener la basura cerca…

Además, Pocoyó ve que sus amigos no dejan de discutir por los dichosos trastos. Habrá que buscar otra solución.

Nuestro amigo Pocoyó detiene el Vamoosh y empieza a darle vueltas al asunto. ¡Bien! Ha encontrado la solución perfecta: para no generar tanta basura ¡tienen que reutilizar las cosas viejas!

Por ejemplo, pueden hacer un columpio con la rueda pinchada o una piscina para Valentina con el tambor roto. ¡Qué buena idea!

Todos los amigos tienen ideas ingeniosas para reciclar los objetos viejos.
Fabricar juguetes combinando piezas es muy divertido,
¿a que sí?

Mirad, le han hecho una casita nueva a Pajaroto con la radio rota. Y Elly
está tocando un xilófono fabricado a partir de otros juguetes.
¡Bien! ¡Bravo por reciclar! ¡Y bravo por el trabajo en
equipo!

En nuestras casas generamos muchos **residuos**. Si los separamos, ayudaremos a que los **envases** se puedan **reciclar** y tengan otras utilidades.

¿Quieres aprender con Pocoyó unas sencillas normas para ayudar a reciclar en casa?

En tu barrio hay contenedores de distintos colores. El color te indica el tipo de residuo que puedes tirar en cada uno.

Contenedor amarillo

Envases metálicos, tetra-bricks, envases y bolsas de plástico.

Estos envases se llevan a fábricas para convertirlos en bolsas, nuevos envases u otros objetos de plástico.

Contenedor verde

Botellas y envases de vidrio.

Estos residuos se utilizan para fabricar nuevos envases de vidrio.

Contenedor azul

Papel y cartón.

Estos residuos se trituran y se convierten en pasta de papel que sirve para fabricar cajas y hojas de papel reciclado.

VOCABULARIO

Residuo
Material que sobra después de haber usado o consumido un producto.

Envase
Bote o caja en que se conserva un producto.

Reciclar
Tratar un material para que se pueda volver a utilizar.

Contenedor
Recipiente grande en el que se tiran los residuos.